JN411984

꽃 사설

박필상 제7시조집

꽃 사설辭說

초판1쇄 발행 2025년 4월 15일

지은이 박필상
펴낸이 이길안
펴낸곳 세종출판사

주소 부산광역시 중구 흑교로 71번길 12 (보수동2가)
전화 463－5898, 253－2213~5
팩스 248－4880
전자우편 sjpl5898@daum.net
출판등록 제02-01-96

ISBN 979-11-5979-758-3 03810

정가 12,000원

부산광역시 BUSAN METROPOLITAN CITY 부산문화재단 BUSAN CULTURAL FOUNDATION
본 도서는 2025년 부산광역시, 부산문화재단〈부산문화예술지원사업〉으로 지원을 받았습니다.

세종출판사

들머리 시

시업詩業

말문이 트이잖아
며칠을 끙끙 앓다

뜬 구름 겨우 잡아
어설피 앉혀놓고

변죽만
자꾸 울리다
놓쳐버린 화룡점정

2025년 봄날
박필상

차례

제 1 부

제 2 부

제 3 부

제 4 부

제 5 부

제1부

여름

햇살이 쏟아져서 강물로 넘치는 날
집들은 염치없이 벌거벗고 멱을 감고
사람들 홍수를 피해 어디론가 떠난다

깨어져 반짝이는 거리의 소음들이
긴 혀를 날름대며 정수리에 똬리 틀어
생각의 옹달샘마저 말려버린 이 한낮

아스팔트 검은 길은 늘어져 누워 있고
불면에 시달리다 홀로 지친 나의 영혼
갈증이 고개를 들어 푸른 하늘 마신다

장마

굿은비 추적추적 쉼 없이 내릴 때면
세상은 텅 빈 절간 어둠에 묻힌 동굴
가슴속 깊은 골짜기 생각마저 적막이다

귀먹고 눈이 먼 채 미로를 헤매다가
헛짚어 갇혀버린 암흑의 벽 속에서
비명도 지를 수 없어 피만 흘린 나의 고독

황톳빛 이 시름을 수천 번 걸러내면
까맣게 태워버린 불면은 씻어질까
수렁에 갈앉은 영혼 눈부시게 떠오를까

불면증

언젠가 나도 몰래 잃어버린 나를 찾아
이 거리 저 거리를 정처 없이 떠돌다가
눈 들어 사방을 보니 아직도 어둠이다

문득, 이런 날은 어깨가 시려 오고
옆 자리 식솔마저 아득히 멀어 보여
적막의 바다에 누워 표류하는 이 고독

생각의 모래톱에 성채를 짓고 헐다
새벽녘 악몽으로 가위눌려 깨어 보면
또다시 어기찬 하루 고삐 잡고 서 있다

작도作圖

상상의 나래 펴고 점 하나 찍었더니
별들이 태어나고 눈부신 우레 소리
태초의 천지창조는 점을 놓아 이뤘으리

라파엘로 그림 속의 자를 든 유클리드
완벽한 이상향의 신세계 꿈을 꾸며
신비의 스핑크스와 피라미드 지었을까

무수히 고뇌하며 이데아 추구하면
컴퍼스 빙글 돌아 둥근 맘 형성되고
우주의 근원에 닿는 하얀 탑도 세워지리

※ 실제 그림 속에는 컴퍼스를 들고 있음

윤슬

물이랑 타고 놀던 바람도 시들하고
따갑게 내리쬐던 볕살도 기가 죽은
적요의 시간 속으로 돛배 한 척 떠나간다

땅거미 슬금슬금 갈밭에 내려앉자
보금자리 찾아드는 철새들 부산하고
낯익은 서산마루가 노을빛에 물들었다

저 바다 너른 방에 비단 이불 펼쳐놓고
웬 작별 인사인가 말없이 손 흔들며
돌아선 그대 뒷모습 그림자가 처연하다

황소

황금빛 울음소리 평화의 종이었다
뚜벅뚜벅 걷는 걸음 듬직한 산이 되어
멍에는 내가 질 테니 꽃길로만 가라했다

묵정밭 자갈논을 옥토로 갈아놓고
학자금 살림밑천 때맞춰 내어주며
그 가난 캄캄한 어둠 횃불처럼 밝혔었다

어쩌다 변했을까 요즈음 황소들은
되새김 하지 않고 뒤룩뒤룩 살만 쪄서
실업자 신세가 된 채 빈둥빈둥 누워있다

황혼

은발을 늘어뜨린 바람이 서서 운다
개펄에 젖어 누운 시간의 주검 앞에
어깨를 들썩거리며 소리 없이 흐느낀다

기어이 떠나더니 그 여름 장마 속에
오늘 이 하구에 익사체로 누웠구나
도도한 물살에 밀려 그예 쓰러졌구나

돌아보니 안개 짙은 이승은 허허바다
걸어온 흔적들은 찾을 길 바이없고
일몰의 적막 속으로 한 점 구름 가고 있다

객구 물리기

온 몸이 으슬으슬 몸살기 느껴질 때
생콩을 씹게 하여 진단을 내리시면
부엌칼 입에 물리고 꾸짖어 쫓으셨다

웃동네 무당 할매 똑같이 흉내 내어
사립문 바라보며 칼날을 던지시던
그 모습 너무 미더워 마음 벌써 가벼웠지

객구야 썩 물러가라 어딜 감히 범접하나
갑옷의 장군처럼 위풍당당 우리 오매
세상이 한기 든 오늘 사무치게 그리웁다

※ 객구: 객귀의 경상도 방언

지하철

출퇴근 시간이면 언제나 지하철은
콩나물 꽉 찬 시루 아비규환 생지옥철
모르는 사람들 끼리 깍지 끼워 실어간다

진땀을 쏙 빼도록 뒤섞어 흔들다가
턱까지 숨이 차고 사지가 늘어져야
비로소 만족을 한 듯 울컥울컥 쏟아낸다

몽롱한 의식 속에 자궁을 빠져나와
기진한 걸음으로 층계를 올라가면
일상의 단단한 밧줄 나를 묶어 사라진다

실향민

꿈속의 어머님은 나보다 젊으신데
세월의 강은 흘러 이 몸 늙고 병든 탓에
생전에 뵙겠단 약속 차마 할 수 없습니다

북녘 하늘 바라보며 간절히 기도하고
철조망 부여잡고 통곡을 해 보아도
메아리 되돌아와서 앙가슴만 치더이다

지금도 그 포구에 삶의 향기 남았을까
어부들 노래하고 푸른 물 춤을 출까
옛 생각 허공에 띄워 그리움을 달랩니다

인생문人生門

임진년 그해 오월 왜군의 침략 앞에
군민이 합심하여 결사항전 펼쳤지만
하루해 지기도 전에 동래성 무너졌네

성안에 남은 이들 모조리 죽었어도
이 문을 나간 이들 모두 다 살았다니
문 하나 사이에 두고 생사가 갈렸구나

사백년 세월 지난 역사의 현장에서
가만히 눈을 감고 그때를 그려보니
천국과 아비지옥이 한데 있어 서글프네

※ 인생문: 부산 동래성 동장대와 북장대 사이에 있는 통행문

백세의 계단

얼마나 더 살려고
여기를 오르내려
꼭대기 올라서서
먼 하늘 바라보니
그 옛날
삼년고개 생각
헛웃음 절로난다

백세를 산다는 게
뭐 그리 대수라고
늙고 젊은 중생들이
줄지어 북적인다
찰나를
살다 갈 인생
천년만년 살 것처럼

※백세의 계단: 부산 동래성 북장대 오르는 계단

근황近況

요즈음 날씨가 찌듯이 무덥더니
농약 먹고 죽은 귀신 데모하는 그 사연
불면의 밤을 새우며 들려주는 저 소리

등골에 식은땀을 비 오듯 흘리면서
한바탕 몹쓸 꿈에 가위눌린 새벽이면
내가 참 살아 있는지 살 꼬집어 점검한다

그래도 아무런 감각이 없는 날은
옆에 누운 아내의 비명을 듣게 되고
비로소 산 것만 같아 안도의 숨을 쉰다

자화상

맨 처음 하늘 문이 열리던 그날부터
외길로 이어와서 외길로 가는 강물
소리도 빛깔도 없이 흐를 대로 흐르네

부딪혀 깨어지고 피멍든 일상들을
무심한 팔매질로 여울에 내던지고
머물지 못하는 구름 쫓아가던 이 나루

적막을 물들이며 노을이 타는 속에
빈 그물 걷어 올린 어부의 젖은 발길
내딛는 발자국마다 소금 꽃만 피구나

눈雪

스치는 바람에도 부서져 날아갈 듯
천지가 숨을 죽인 팽팽한 정적 속에
오늘은 하이얀 나래 천사들이 오신다

부드러운 그 손길로 멍든 가슴 다독이고
허욕이 깊이 새긴 상처도 감싸주며
발목이 푹푹 빠지는 어둠들을 씻는다

드디어 열린 하늘 눈부신 빛살 아래
웅크린 생명들의 기지개 켜는 소리
세상은 하나가 되어 푸르른 꿈을 꾼다

천수만에서

산빛 점점 멀어지는
일몰의 시간 속에
가창오리 떼를 지어
작업에 몰입한다
바람을
휘몰고 가는
일사불란한 저 붓질

끝없이 펼쳐놓은
넉넉한 화폭 위에
일순에 쏟아 붓는
그윽한 수묵 향기
여백이
더욱 눈부신
그림 한 점 걸리다

섬

나이를 더 할수록
마음은 가난 들어
태산처럼 높이 앉아
바위처럼 든든하던
아버지
당신의 모습
사무치게 그립니다

무섭게 불어오는
도시화 바람 앞에
가족의 울타리도
어느새 무너지고
어머니
오늘은 왠지
홀로 남은 섬입니다

나루터

바람을 태웠다가
구름을 실었다가
이승의 강나루에
한가로운 빈 배 한 척
석양에
몸을 맡긴 채
생각 없이 떠 있네

아무리 달려 봐도
쳇바퀴 도는 일상
뭐 그리 바쁠 것도
서둘 일도 없는 것을
세월은
무슨 조바심
사공 두고 가자네

제2부

비손

해우소 파리들이
두 손을 막 비빈다
무엇이 간절하여
저리도 비는 걸까
멍하니
바라보다가
나도 그만 합장한다

장독대나 마당가에
정화수 받아놓고
하얀 기도 올리시던
울 오매 거룩한 손
지금도
푸르른 기억
연꽃처럼 피어난다

달팽이

복인가 행운인가
나면서 집을 지녀
한평생 너는 결코
풍찬노숙 않겠구나
집 없는
설움 따위야
아예 맛도 못 보겠네

업인가 멍에인가
등에 진 무거운 짐
뛰고프고 날고픈 꿈
들일 데 없겠구나
버려서
찬란한 희열
그런 참맛 모르겠네

축서암에서

심심한 어느 봄날
발길 따라 닿은 암자
스님도 부처님도
먼 길을 떠나셨고
청매화
연둣빛 향기
얼려 놀자 눈짓하네

무심히 들여다본
적멸의 높은 자리
승속을 벗어던진
풍류객 홀로 앉아
찻잔에
꽃배 띄우고
봄 나그네 맞으시네

김을 매다가

어느 날 김을 매다
손길을 멈추었다
살려 달라 애원하는
가녀린 저 목소리
호미에
묻어 흐르는
붉은 피도 보인다

제거 할 존재라고
생각에 대못 박아
한 치도 의심 없이
찍어냈던 나의 오만
뽑혀서
시들어버린
잡초 앞에 무너지다

유언비어

소리 없이 다가오는
시꺼먼 저 그림자
무언가 흩뿌리고
재빨리 달아난 뒤
도시는
돌림병으로
쑥대밭이 되었다

지금도 거리에는
후유증 짙게 남아
마스크 쓴 사람들이
표정 없이 걸어갈 뿐
낯익은
얼굴을 봐도
눈인사도 않는다

코로나19

형체도 안 보이고
세상을 다 삼킨다
폐부를 공격 받은
일상은 무너지고
퍼렇게
공포에 질려
벌벌 떠는 한여름

사람과 사람 사이
벽으로 막아 놓고
소통의 자유마저
무참히 짓밟으며
입에다
재갈 물리고
목숨 줄을 옥죈다

경비원

멀쩡해 보이지만
속은 이미 문드러진
칠십을 바라보는
나는 늙은 허수아비
스치는
바람결에도
괜스레 주눅 드는

버거운 이십사 시
온 몸으로 지킨 새벽
지각없는 흰 머리가
삐죽삐죽 튀어나와
남몰래
검은 눈물로
붓질하여 감추네

검진 날

눈앞의 사람들이
모두 다 환자 같고
멀쩡한 내 심신이
이상 징후 발신한다
생각의
골짜기에서
밀려오는 이 한기

갑자기 엄습하는
오한의 맥을 짚고
속내를 다스리며
합장한 등 뒤에서
저승길
혼을 부르듯
멀리 누가 부른다

신기료장수

어깨가 축 늘어진
고달픈 또 하루를
으슥한 골목으로
절룩절룩 끌고 와서
헤어진
헌 신 꿰매듯
깁고 있는 저 노인

터지고 닳는 것이
어찌 신발뿐이랴
세월도 결이 삭고
풀기가 빠졌을 때
덧대어
징을 박으면
어디 쓸만 하려나

빗살무늬토기

무슨 말 하고파서
알몸으로 나투셨나
사라지기 원했다면
나타나지 말아야지
오천년
흘러간 강물
건넌 까닭 궁금하다

그때도 지금처럼
온갖 욕심 꿰어 차고
헐뜯고 미워하고
그릇 싸움 하였을까
그 속의
은밀한 말씀
귀를 세워 들어본다

벤치

가랑잎 살랑살랑
날아와 쉬어가도
쓸쓸히 눈이 내려
홀로 울다 스러져도
그 누굴
기다리는지
말씀 없는 나무의자

지친 길손 찾아들면
자리를 내어주고
아무도 아니 올 땐
햇살이나 앉혀둔 채
바람이
전하는 소식
귀동냥을 하시네

도시의 새벽

아직은 밤중인데
정적을 뒤흔들며
신문배달 오토바이
홀로 씽씽 달려가면
부스스
잠에서 깨어
정좌하는 이 도시

미화원 아주머니
손수레 끌고 와서
어둠을 쓸고 닦고
광택을 내고나면
비로소
눈부신 하루
문을 여는 새벽 4시

한탄강

지구가 모습 갖춰 제 자리 앉을 즈음
저 동쪽 끝자락에 생명의 기운 일어
활화산 피를 토하여 젖줄부터 만드나니

그 강은 세월 따라 역사의 층을 쌓고
역사는 강물처럼 흐르듯 담겼는데
이념의 장벽에 막혀 남북이 구만리 길

젖꼭지 같이 물고 살아온 너와 난데
총부리 마주대고 언제까지 버틸 건가
넉넉한 어머니 품에 어서 얼려 안겨보자

천민賤民

바람이 너의 허물 벗겨줄 수 있겠느냐
강물이 너의 업보 씻어줄 수 있겠느냐
세치 혀 칼날을 세워 휘두르는 망나니여

욕망의 갈퀴질로 곳간에 가득 쌓고
주지육림 호사 속에 흥청망청 산다 해도
아귀여 그대 굶주림 면할 수 없는 것을

썩은 막대 하나 들고 총검이라 우겨대며
어깨를 으쓱으쓱 갑질하는 눈먼 중생
본성이 생쥐 아니냐 네가 무슨 왕 노릇

분노

의사 열사 다 되라고 강요하지 말아다오
네 정녕 그 시대를 살아보지 않고서야
무조건 반역자라고 매도하지 못하리

영혼을 송두리째 갉아 먹힌 좀비들아
너희가 뭘 했다고 토착 왜구 운운 하나
존엄한 대한민국의 자유 민주 짓밟으며

중국이 상국이냐 국민이 마루타냐
우한 폐렴 창궐해도 '운명공동체'라 아첨하며
칠십 년 혈맹을 향해 양키 고 홈 외치면서…

늪 · 2

올가미 감춰 두고 사탕을 내어민다
달콤한 그 추억에 영혼을 빼앗겨서
서서히 목이 조여도 아픈 줄을 모른다

민낯을 보이지만 아무도 속은 몰라
새벽을 낚으려고 한밤에 떠나갔던
바람은 소식도 없고 홀로 지는 낙엽 한 장

모조리 다 삼키고 품었다 강변해도
최면에 걸려버린 풀들은 말문 닫고
시간은 발목이 묶여 하릴없이 서있다

불전사물佛殿四物

범종梵鐘

내 몸을 단근질해 망루에 세워놓고
때마다 채찍으로 피나게 치는 것은
귀먹고 눈먼 중생들 깨어나란 뜻이니라

법고法鼓

윤회의 수레바퀴 인연의 끈을 잇는
무수한 미물들과 고통 받는 저 축생들
해탈의 길잡이 되어 활활 타는 횃불이여

목어木魚

수천 길 물속에도 생명은 존재하고
생명이 있는 곳에 고해는 쌓이느니
영혼을 통째로 비워 걸어두면 승천하랴

운판雲版

이승의 한 살이가 바람이요 구름인데
사연 많고 미련 남아 떠도는 원혼들을
그윽한 종소리 울려 갈 길 열어 주시네

바둑

찬란한 한 왕조가 어느덧 저물었다
전쟁이 터질 거란 무성한 소문 속에
민심은 요동을 치며 흑백으로 갈라섰다

저 멀리 변방에서 북소리 울리더니
요새를 지키려는 병력이 투입 되고
상대는 특공대 보내 취약 지를 공략한다

전선은 시시각각 곳곳으로 확대 되고
권모술수 고육지계 교란전 육박전에
포위망 서서히 좁혀 항복을 강요한다

무수히 쓰러져간 병사들 희생 뒤에
고지를 점령하고 창검을 다시 갈아
수세에 몰린 적진에 총공격을 감행한다

더디어 치열했던 전투가 막을 내려
천하를 평정하고 절세 영웅 우뚝 섰다
역사의 수레바퀴는 소리 없이 도는데…

제3부

영산홍

영산홍 붉은 꽃은
실연한 여인 같다
가얏고 우는 달밤
창가에 홀로 앉아
떠난 임
못내 그리워
단장하고 기다리는

영산홍 하얀 꽃은
소복의 여인 같다
소쩍새 우는 새벽
정화수 받아 놓고
지아비
극락왕생을
두 손 모아 빌고 있는

이팝나무 꽃

어느 임 저 허공에
가마솥 내다 걸고
흰 쌀밥 손수 지어
밥 퍼주기 하시는가
부잣집
담장 너머로
풍겨오던 그 냄새

지팡이 겨우 짚고
넘어가던 보릿고개
초근과 목피 나마
굶지 않길 소원 할 때
시장기
부채질 하며
환영처럼 피던 꽃

해당화

어릴 적 모래톱에
소꿉 놀던 옆집 순이
그리움 간 꽃 피고
보고파 애달픈데
수평선
천리 밖에서
누굴 그려 서있나

붉지도 아니하고
희지도 아니하던
네 마음 알 길 없어
가슴은 옥죄는데
저 석양
홀로 타다가
서산 쉬이 넘겠네

아네모네

내 고향 푸른 낙원
지중해 연안 떠나
낯설고 머나먼 땅
눈물로 시집 와서
그리움
가득한 노래
송이송이 피웁니다

바람꽃, 모나리자
클레오파트라…
모습 색깔 이름마저
누군가 바꾸어도
지조의
보랏빛 향기
변함없이 지킵니다

목화

흰 눈이 내린 듯한
언덕배기 비탈 밭의

구름 같은 목화송이
가득 따서 이고오던

내 누님
검은 머리가
언제 목화 되었나

찔레꽃 · 2

볼수록 애처로운
청상의 여인이여

쪽머리 은비녀가
더욱더 측은한데

그윽한
그대 향기는
벌 나비만 취할까

찔레꽃 · 3

생각만 떠올려도
코끝이 찡해지는
보릿고개 넘던 시절
부모 여윈 순이처럼
풀꾹새
구슬피 울면
소복 입고 피는 꽃

그 누가 캐어갔나
흔적 없는 나의 봄날
설레며 찾아와도
잡초만 손 흔들고
낯익은
보랏빛 향기
그리움만 더하네

함박꽃

무슨 사연 그리 깊어 긴 밤을 지새웠나
연지 볼 붉은 입술 두 손으로 가리시고
함초롬 이슬에 젖어 고개 숙인 저 자태

황금빛 아침 햇살 뜨락에 가득 하면
장지문 내다보는 그 얼굴 너무 예뻐
마주볼 자신이 없어 살몃 눈을 감았지

바람이 시샘하여 짓궂게 흔들어도
가벼운 몸짓으로 화관무 선보이며
흥겨운 잔치 한마당 풍악 울려 화답하네

진달래

톱질에 갈퀴질에 겨우내 뺏기고도
산은 늘 말이 없이 봄소식 알려줬네
피울음 반만 토하여 피워 올린 연분홍 꽃

까까머리 머슴애와 단발머리 가시나들
해종일 그 꽃 따서 허기를 달랬었지
다시는 안길 수 없는 잃어버린 낙원에서

가난해도 즐거웠던 옛 시절 짚어보면
아련한 슬픔으로 떠오르는 얼굴 하나
지금쯤 어느 곳으로 봄 마중을 갔을까

꽃 사설辭說

동백꽃

꽃으로 핀다 해도 동백은 되지 말자
모진 겨울 겨우 넘고 봄은 아직 저만친데
그 사랑 너무 서러워 못 시들고 지는 꽃

찔레꽃

누군가 꺾을까 봐 피지 않는 꽃이 있나
소복단장 하였다고 수절하라 못하겠네
청초한 향기에 홀려 눈멀었다 할 건가

할미꽃

시름의 가시들이 심신에 깊이 박혀
한평생 허리 펴고 하늘 한 번 못 보더니
비로소 해탈을 했네 하얀 머리 산발하고

연꽃

흐린 물 진흙 속에 뿌리 내려 살면서도
티 하나 묻지 않고 향기로운 꽃 피웠네
내 맘에 가꾸는 꽃도 저리 곱게 피었으면

억새꽃

나이를 더 할수록 그리운 울 어머니
어디를 가시려고 언덕에 오르셨나
야윈 손 자꾸 흔들며 은빛 머리 날리며

에델바이스

천사인가 요정인가
두 얼굴 가진 소녀
알프스 깊은 산속
바위틈에 피어나서
뭇 사내
애간장 녹여
넋을 잃게 하는 꽃

생명은 이런 거다
말없이 일러주며
눈처럼 하얀 얼굴
온몸엔 가시 철갑
함부로
꺾지 못하게
창을 들고 서있네

오후

산그늘 느릿느릿
고갯길 내려오면

툇마루 앉아 놀던
햇살도 비켜 가고

마실간
어미를 찾아
강아지들 아우성

절규

파도야 너는 어찌
바위에 몸을 찧나

바람아 너는 어찌
갈밭에 나뒹구나

내 임은
멀리 떠나고
소식조차 없는데…

일상

이 밤이 어두움은
잠을 자란 메시지고

아침이 밝는 것은
일어나란 명령인가

어차피
등에 진 지게
벗을 수도 없는데

얼굴

오늘도 어김없이
달랑 한 장 들고 간다

잉크 냄새 솔솔 나고
빳빳하던 내 명함

어느새
모서리 닳고
풀기마저 죽었어도

이름

헛것인 줄 알면서도
움켜쥐고 살고 있네

탈 씌운 줄 알면서도
벗을 수도 없었다네

참 나는
어디 있느냐
굿판 속의 광대여

칼춤

취하여 비틀대는
망나니 꼴 좀 보소

칼자루 쥐었다고
함부로 휘두르네

그 칼에
그대 가슴이
베일 수도 있는 것을

공空

아무 약속 없었어도
겨울 가면 봄이 오듯

갈 것은 가게 두고
올 것은 오게 두자

언젠가
풀어질 매듭
묶어본들 뭣 하리

고사리

백년 천년도 아닌
삼억 년 나이테를

단단한 뿌리 어디
똬리 틀어 감춰 두고

어린 척
시치미 떼며
내민 손이 귀엽네

제4부

이농離農

가뭄에 타는 것이
어찌 논밭뿐이랴
천둥지기 논바닥처럼
금이 간 고향 소식
그 속에
스며든 눈물
웅덩이가 되었네

아무리 뚫어 봐도
수맥은 안 잡히고
뿌리를 드러낸 채
누워 있는 허수아비
넋마저
놓아버렸나
일어설 줄 모르네

언약 · 2

낯설고 물선 도시
으슥한 뒤안길에
알사탕 손에 쥐어
꼼짝 없이 앉혀놓고
잠깐만
기다리라던
그 엄마의 하얀 다짐

거리에 떠맡겨져
모질게 버티다가
지난밤 비바람에
쓰러진 가로수여
푸르르
서러운 기억
저리 품고 가는가

※어느 노숙인의 죽음 앞에

칠득이

뭔 구경 하고파서
일곱 달 만에 뛰어나와
눈도 채 뜨기 전에
어미 아비 잃었어도
언제나
벙글거리며
푸르게 사는 사람

평생 씻지 않아도
향기가 풍겨 나고
가슴은 투명 거울
속 훤히 다 보이며
이빨을
드러내거나
손톱 한 번 안 세우네

반反

골프가방 속에는
골프채는 없었다
빳빳한 오만 원 권
가득히 채워져서
은밀한
어느 곳에서
누구 손에 건너갔다

진눈개비 흩날리는
차가운 저 거리의
속 훤히 다 보이는
구세군 자선냄비
오가는
발길은 없고
천 원짜리 지폐 몇 장

설날

아무도 오지 않는
늙은이 설날 아침
떡국을 앞에 놓고
아내와 절을 한다
결혼식
사십년 뒤에
가슴 시려 하는 맞절

사랑하고 아끼라던
주례선생 그 말씀을
돌아도 아니 보고
까맣게 잊은 세월
올해도
무병하시라
소원 서로 빌어본다

— 2021년 코로나19 때문에
아무도 오지 않는 설날 아침

행복

세상에 태어날 때
갈 곳은 정해졌고

생각 없이 살다가
미련 없이 가는 것

구태여
생로병사를
화두 삼아 뭣 하리

풍등

내 마음 구름밭에
푸른 솔씨 심었더니

불새가 둥지 틀고
스스로 다 태우네

마침내
어둠을 뚫고
비상하는 저 혼불

팽이치기

회초리 들었다고
학대라 하지 말게

비틀비틀 쓰러질 때
일으켜 세워주며

정신줄
놓지 말라고
종아리를 쳤다네

– 회초리를 든 스승도, 어른도 없는
시대를 살면서 팽이치기가 제일 즐거운
놀이였던 시절이 그립습니다.

해우소

부처님을 '똥막대기'란
스님도 계셨는데

뒷간을 '극락정토'래도
뭐 그리 망언이랴

사는 게
고해이거든
거기 가 해탈하소

허일虛日

빈 방에 홀로 누워
생각 없이 뒹굴다가

문득 창을 바라보니
해는 벌써 기울었고

내 삶도
저리 여위어
노을빛에 젖었네

기다림

그토록 그리다가
돌이 되어 여기 서다

죽어도 살아 있는
새파란 너의 지조

비바람
눈보라 쳐도
돌아설 줄 모른다

패러디

지금도 피었을까
영변 약산 진달래꽃

속은 뻥뻥 다 뚫리고
핵으로 오염 되어

가시는
그분 발아래
뿌릴 수도 없겠네

– 영변 핵시설은 지금도
가동 중이라고 한다.

4월

길고양이 한 마리가
벚나무 아래 앉아

떨어지는 꽃잎들을
물끄러미 바라본다

나비야
청산에 가자
속삭임에 귀가 쫑긋

거짓말

눈웃음 치지마라
마성의 양귀비꽃

너를 보고 눈이 멀어
천지 분별 못 했더니

가슴에
대못 박혀서
뽑을 수가 없구나

빈집

빈집은 고독이다
회한의 눈물이다

사방이 절벽일 때
캄캄한 어둠일 때

빈집은
카타르시스
파랑새는 거기 산다

오늘

감옥이 아니어도
푸른 하늘 그리웁다

황사 매연 결합하여
미세먼지 만들더니

급기야
초미세먼지
숨 쉴 자유 박탈하네

재인폭포

광대의 한이 서린
처절한 절규인가

원님 코 물어뜯은
정절의 눈물인가

오늘도
슬픈 고발장
읽고 있는 재인폭포

– 경기도 연천에 있는 폭포로
재인과 아내의 설화로 유명함.

낙화

꽃잎이 떨어져서
우주로 날아간다

마지막 태운 불꽃
하얀 연기 길게 물고

몇 광년
태양계 너머
푸른 별 될 때까지

매미

긴 세월 어둠 속에
죄인처럼 지냈지만

허물을 훌훌 벗고
맞이한 밝은 세상

팔월은
푸른 노래로
대궐 짓고 살리라

– 광복 80주년을 맞으며

제5부

동시

꽃들은 한 순간도
웃어 본 일 없지만
나무는 단 하루도
울며 살지 않지만
동시 속
꽃과 나무는
웃고 울고 춤춰요

까치집

겨울이 슬그머니
물러가는 끝자락에
뒷동산 나무들은
잎망울 부풀었고
가지 끝
까치집 한 채
덩그러니 남았어요

집 떠난 까치들이
혹시나 돌아올까
해종일 기다려도
그림자도 안 보여요
까치는
옛집을 고쳐
다시 살 줄 모르나봐

두루미

천년을 산다 하는
겨울의 귀한 손님
큰 키에 늘씬한 다리
하얀 날개 검은 꼬리
이마의
붉은 무늬는
두루미의 상징이죠

데이트 할 때에는
멋지게 춤을 추고
우렁찬 목소리로
사랑의 노래 불러
평생을
함께 지내는
지조 있는 선비래요

용연

바다와 연결되는
제주도 용연계곡
맑은 물 푸른 숲이
한 폭의 그림 같고
계곡의
만년 절벽은
깎아 세운 조각품

여의주 입에 물고
용이 불쑥 솟구칠 듯
깊이를 알 수 없는
청잣빛 용연계곡
그 위에
무지개처럼
구름다리 걸렸어요

문주란

하늘나라 선녀님이
토끼섬에 유배되어

고향이 그리워서
눈물로 지새우다

죽은 뒤
한이 서리어
하얀 꽃이 되었대요

천둥소리

하늘은 무슨 일로
전쟁을 하는 걸까

불칼을 휘두르고
대포를 쾅쾅 쏘고

이불 속
꼭꼭 숨어도
자꾸 덜덜 떨려요

백록담

한라산 백록담엔
신선이 살았대요

하이얀 사슴 타고
남몰래 내려와서

달밤에
뱃놀이 하며
놀다가던 호수래요

폭포

하느님이 내려 보낸
커다란 양동이가

까마득한 절벽에서
자꾸만 물을 부어

세상이
아득해지는
우레 같은 저 소리

삼성혈

제주도 삼성혈은
고 · 양 · 부씨 태어난 곳
땅에서 솟아오른
세분의 신인들이
세분의
신녀를 만나
탐라국을 세웠대요

지금도 제주 사람
삼성혈에 제사하고
삼성시조 탄생 자리
오롯이 지켜내어
멀리서
오신 손님께
큰 감동을 드린대요

저어새

저어새 한 마리가
개펄을 뒤집니다
주걱 같은 큰 부리로
이리저리 저어대다
어쩌나
게한테 그만
부리를 물렸어요

흔들어 떨쳐내도
집게발로 꽉 붙잡고
용-용 죽겠지
약 올리는 달랑게
한참을
실랑이하다
놓아주고 말았어요

오름

전설 속 거인 할망
제주도 설문대할망
육지와 연결하는
다리를 놓으려고
치마로
흙을 나르다
흘려서 생긴 오름

살아서는 의지하여
생활하는 터전이고
죽어서는 편히 쉬는
안식처 되어주던
제주도
사람들에겐
마음의 고향 동산

채송화

채송화의 다른 이름
앉은뱅이 꽃이래요
남들은 앞 다투어
키 자랑 하든 말든
저 혼자
땅에 엎드려
흙내 맡고 피는 꽃

벌 나비 지나가며
눈길 한 번 안 주어도
잘 가라고 손 흔들며
방실방실 웃는 얼굴
나팔꽃
해바라기가
부럽지도 않나 봐

비자나무

천년을 사는 나무
비자나무 숲속에는
메아리도 살고 있고
요정들도 산답니다
밤이면
꼬마 별들이
숨바꼭질 하는 숲

천년을 사는 나무
신비의 숲속에는
수많은 이야기와
전설도 살아 있고
어디서
늑대 소년이
소리 없이 나타날 듯

거북이와 토끼

개미 같은 거북이와
베짱이 닮은 토끼
언제나 비교 대상
늘 경쟁만 시켜놓고
찐 친구
어깨동무인
동화책은 왜 없죠

2등은 필요 없다
1등만 하라 시는
어른들 편 가르기
이해할 수 없어요
모두가
하나가 되는
그런 세상 그리워요

산방산

한라산 신령님이
어느 날 화가 나서
한라산 봉우리를
뽑아서 던졌대요
산방산
생겨난 비밀
사냥꾼만 알지요

실수로 신령님의
엉덩이에 화살을 쏜
그 옛날 사냥꾼은
어떻게 되었을까
화가 난
신령님 모습
안 보아도 뻔해요

만장굴

세계의 으뜸가는
제주도 만장굴은
길이도 엄청 길고
자랑스런 자연유산
용암의
시뻘건 강물
흘러간 자리래요

천장엔 돌고드름
바닥에는 돌 죽순
세계에서 제일 큰
돌기둥 우뚝하고
수만 년
세월이 빚은
만물상의 동굴이죠

성산일출봉

또 어떤 거인 할망
저 그릇 만드셨나

접시 같고 쟁반 같은
굽 높은 토기 한 점

해와 달
별무리까지
다 담아도 남겠네

천제연폭포

하늘나라 일곱 선녀
보름달 뜨는 달밤
보랏빛 구름 타고
피리 불며 내려와서
옥같이
푸르른 물에
미역 감고 놀던 곳

오늘처럼 잔별들이
반짝이는 별밤에도
무지개다리 놓고
선녀님들 내려올까
나무꾼
숲속에 숨어
날개옷 훔쳐갈까

함박꽃

수줍게 고개 숙인 연분홍 저 꽃망울
소녀의 고운 뺨에 볼우물 새기듯이
해맑은 이슬에 젖어 미소 짓고 있어요

눈부신 아침 햇살 뜨락에 가득 하면
창문 열고 내다보는 그 얼굴 너무 예뻐
마주볼 자신이 없어 반쯤 눈을 감아요

바람이 샘이 나서 가지를 흔들어도
꽃잎은 한들한들 나비춤 곱게 추며
흥겨운 축제 한마당 푸른 노래 불러요

〈평설1〉

시조 미학의 영혼을 깨우는 실존의식

– 박필상 시인 편

송 귀 영

(시조시인, 문학평론가)

〈평설 1〉

시조 미학의 영혼을 깨우는 실존의식

– 박필상 시인 편

송귀영 | 시조시인, 문학평론가

1. 서론

시조 미학은 부드러운 이미지와 전통의 어조가 구성하는 민족적 고유성 이다. 시조 미학의 특성을 조명하는 것은 창조적 비전을 근거로 추구하는 작품 자체의 해설과 분석이 전재한다. 이것은 시조 작품 자체의 구조적 특질과 이해가 중요시 된다는 점이다. 자연 서정과 심미적 감수성은 시인 자신의 창조적 비전의 표상화가 무거운 과제로 떠오른다. 자유시 독자들의 시조가 언어 형식의 감옥 이라는 혹평에서 자유로워지려면 우리전통의 문화적 배경을 짚으며 극히 자연스런 표현으로 창작에 임해야함이 시조시인들에게 현실적 절명의 과제일 것이다. 애당초 시조의 인자는 절제 지향의 원심력과 자유지향의 구심점이 조성하는 긴장의 경계선에 놓여있다는 점이다. 시적 세계는 달리는 사람을 멈추게 하고 숨 가쁜 일상에서 벗어나 생각의 언어로 사유케 한다. 숫한 시인들이 단음절의 말놀이를 즐기듯이 행간에 시인의 실존이 압축되어 있음이다. 시인들이 잠시 멈추는 쉼표의 언어가 스치는 바람으로 소박하게 뒤흔드는 요람에서 일상을 맞게 한다. 체언에 어울리는 의태어와 의성어를 연결하면 시어로 독특한 맛을 느끼게 한다. 우주와 자연 그리고 인간사회가 시 속에 다 들어있다. 문턱을 넘어서면 우주로 들어가거나 현세의 바깥 저 너머를 만날 수 있을 듯도 하다. 시인은 시어를 인용하여 자신의 생각을 덧대고 스스로의 충고를 뒤편으로 쓸어 담는다. 누군가 분노를 부추길 때 시인들은 그 이면에 숨어있는 진실을 찾아낸다. 시원한 기포가 부글거리는 탄산수처럼 선명한 시적 언어로 정제하고 약동하는 폭넓은 상상력을 갈무리하여 빚어내기를 원한다. 세심하게 파고드는 긍정의 미학으로 촉발시킨 감성은 신선한 언어의 탁월한 시적 안목에서 구현 된다. 시인은 시적미를 추구하는 인간성에 대자연의 절묘한 조화로 융합시켜 문학적 여정을 독특한 자신의 모습과 삶으로 반추해 낸다.

시는 그 시인의 내면 깊숙이 잠재해 있는 의식의 가치관이나 인생철학의 차원 높은 발산으로 시인에게 면면히 축적된 언어 예술이다. 시를 사물에 접목시켜 발아되는 감흥은 스스로의 서정을 음영한다. 창작이 체질화된 인간본연의 순수한 서정적 심화에서 근거한 시학의 본

질이 영적 소산물임에 재론할 여지가 없다. 한 작품에 관류하고 있는 시어나 소재가 어떠한 형태로든 다양한 질감의 이미지와 언어로 여과 할 수는 없으나 변화의 시적구조 형태로 형상화 할 수 있다. 시학은 물상의 상황 확산과 사전에 예감된 수순에 의해 병치한다. 적시한 어조가 시적 갈등을 구체적으로 고조시켜 외재적 접근에서 변이 시킨다. 시인이 순수지향의 형이상학적 영혼의 토대가 튼실하게 구축되어 이를 바탕으로 완벽한 창작물이 축조되었을 때 시적 미학이 담보된다. 주제가 어설픈 정감은 인식추론과 단정이 아주 위험성을 내포 하였다 하드라도 채취와 언어의 미감에서 지향하는 문학적인 진실은 안도감 있는 접속이 가능하다. 인간의 삶에서 그 무엇인가를 제시 해 주고 사랑이 교감되는 지향점에서 인간의 순수한 감정융합에 용해작용이 작동하게 된다. 인간은 유한의 삶을 살아가는 존재로 누구든지 사라지는 운명을 가졌다. 삶의 의미와 가치를 작품으로 남겨놓는 행위자가 예술인이다. 박 필상 시인은 경남 의령군 봉수에서 6·25때 태어났다. 시인이 일찍 문학에 소질과 관심을 보인 것은 중, 고교 때 고시조와 현대시조를 접하여 늘 버릇처럼 시조를 읊조리고 다니면서 부터라고 했다. 그리고 시인은 자신의 작품을 통하여 함축적이고 은유적 시어를 빌어 자연 속에서 터득한 마음의 자유와 평화, 그리고 욕심이 없는 행복이 얼마나 값지고 소중한가를 체득하고 있다.

2. 시적 자아의 실존적 가치에 대한 추구

박 필상 시인이 살아오는 동안 인위적이고 무리한 삶을 떠나 생활주변의 사리에 순응하며 살아가겠다는 자세가 참으로 각별하다. 시력43년을 쌓아오는 동안 자신의 존재가치에 대한 끝없는 자성으로 모든 것을 다 내려놓고 낮은 눈높이에 내면을 바라보는 성찰적 자세를 갖고 창작에 임한다고 술회 한다. 시인은 지금 자신에게 "영원히 진실한 인간의 모습은 무엇이고, 어디로 가며 어디에 가서 무엇을 부릴 것인가"라며 자문을 한다. 또한 시인은 광대이고 시는 광대가 벌리는 굿판이라고 정의를 하고 있다. 인생은 부대끼며 살아가는 생활주변의 일상사를 세밀히 관조하여 치열하게 시조 우물을 파겠다는 각오가 또한 높이 평가된다. 박 필상 시인의 주장처럼 자신의 존재를 찾기 위한 치열한 작업이 창작이라면 시작詩作은 존재로 살다간 족적이 아닐까?! 그러므로 우리의 기억 속에 영원히 사라지지 않게 하는 인생 발견의 장치가 곧 문학 작품이다. 모든 시인들이 시제로 선택하는 가장 중심적인 소재는 자연과 우주 만물의 형태와 일상적 움직임의 소리를 다각적으로 형상화 한다. 시적 절대 필요의 반복성에서 평행 이론은 근거가 확실한 개연성이 존재한다. 시적 존재관은 언어의 사고와 존재의 철학에서 시업時業의 길이 열린다는 하이데커의 주장에 핵심은 실존적 추악함의 미적 추구이다. 이것은 형이

상학적으로 오염된 시대의 성스러운 존재적 여설이론으로 이해 할 수도 있다. 그래서 시인들은 일상의 욕구나 이해와 무아의 감동과 오묘한 자연의 조화에 머물게 한다. 시의 소재가 자연이든 인간사회이든 철학, 종교 역사 문제에 현존하는 의미로 영원에 가닿는 궁극적 실재와 맞닿아 있다. 마르셀의 존재론적 신비의 세계에서 수정 당했던 데카르트의 이성과 지상주의의 명제는 존재가 절실히 요구하는 절망 속에서 거부당하고 성실과 희망만이 인정받을 뿐이다.

시작詩作행위는 시인의 서정적 상상력에 의해 문자로 표현하는 행위로서 열쇄로 보물이 가득담긴 상자를 열듯 마음상자를 열고 서정의 보물을 꺼내어 감동을 주는 마음의 선물이다. 시인은 인간 영혼을 요리하는 요리사이며 시인들의 찬양은 죽은 자에 대한 존경에서부터 나오는 것이 아니라 살아있는 사람들의 경쟁과 시기의 질투심으로 고상한 정신적 공공의 이익을 주는 것이다. 역사가 승자의 기록이라면 문학은 실패자의 서러움과 괴로움을 달래주고 치유하는 기능을 갖는다. 고통을 달래면서 치유하는 기능은 스스로를 객관화하여 바라볼 때만이 그 효력이 발생한다. 분리주시의 명상은 문학적 씨앗을 뿌려 그 효과를 발아시키며 모든 혼란의 상처를 극복하는 자존감을 키운다. 시조시인에게 시조가 아니면 안 되는 고유한 형식과 자질이 있다는 점에서 도상到

想하게 된다. 정형의 울타리 안에서 인간의 원초적 정서와 통상적 삶의 이치를 가로지르는 과정에 놓인다. 시조만이 가지는 고유한 표현형식과 자질을 순도 높게 형상화하여 동일성에 바탕을 둔 충만한 삶이 현재를 구현하는데 그 의의를 찾게 된다. 사물과 타자를 상세히 관찰하고 표현함으로써 자신만의 고유한 시적 세계를 구축하는 것이다. 시조는 정형 틀 안에서 얽어지며 절제된 경험을 통한 언어 자체로 아주 작고 미세한 움직임으로 이어진다. 장엄하고 긴 서사시보다 내면에 생성하는 순간적 서정성이 앞서기 마련이다. 시조의 서정적 정점을 느끼게 해주는 가편佳篇은 인간의 가장 근원적인 시선과 생명의 의지를 발화 시킨다. 시조는 풍요로운 그림자를 거느린 가락 속에 한편으로 소멸해 가는 모든 물상을 품은 자연을 인격화 하여 그려낸다. 시인들의 전통형식에 일상의 무늬들을 치장하고 있는 풍경을 만나게 된다. 시인은 감각적 현재형의 묘사와 함께 지나간 시공간에 대한 남다른 기억을 끌어들여 또 다른 사물을 구성함으로써 일상의 무늬에 한걸음 더 앞으로 다가서게 된다. 시인들은 기억의 고정된 형상에 치우치지 않고 당시 상황과 유사한 맥락을 포착하여 언제든지 유추적으로 재현시킬 준비를 갖춘다. 이러한 여러 가지 유형들을 감안 하면서 박 필상 시인의 작품 속 속살을 살펴본다.

앞에 벽이 있을 때 비로소 힘이 난다
오를 곳이 없으면 시들시들 죽는다
폭우를
맞은 후에야
더욱 푸른 저 잎새

우리가 넋을 놓고 주저앉아 있을 때
말없이 온 몸으로 그 벽을 오른다
마침내
수천의 깃발
고지 위에 꽂는다

—「담쟁이」 전문

물 한 방울 없고 씨앗 한 톨 싹 틔울 수 없는 벽에 착 달라붙어 기어오른 담쟁이는 절망의 척박한 벽에서 생명과 희망을 일구어낸다. 이러한 담쟁이의 습성은 바위, 또는 돌담과 나무줄기나 또 다른 물체에 기생하는 나무다. 줄기 끝에 잎과 마주하여 돋아나온 작은 발판의 흡착 근이 뻗어 착지하는 편리한 구조를 가진 식물이다. 위의 작품 "담쟁이"에서 인생의 진로가 막막하고 보이지 않을 때 담쟁이의 생명력을 은유하고 있다. 첫째 수에서 기댈 틈이 생길 때 힘이 나고 각박한 절망 속에서도 비를 맞은 후에라야 생기를 되찾는다고 노래했다. 둘째 수에서는 우리들이 살아가는 동안 좌절로 넋을 잃고 막막할 때 말없이 벽을 오르는 담쟁이의 굳은 의지처럼 마침내 내일을 기약 하겠다는 메시지이다.

얼마나 닦아야만 이렇게 모가 닳아
차이고 짓밟혀도 상처 하나 아니 받고
밀려나
그냥 있어도
반들반들 윤이 날까

물기에 젖을수록 그윽해 지는 미소
살며시 귀를 대면 속엣 말 들려줄 듯
그러나
귀가 어두워
들을 수가 없구나

—「조약돌」 전문

자잘한 크기에 동글동글한 모양의 돌인 조약돌은 파도에 마모된 채 흔히 해변에 산재해 있는 것을 목격할 수 있다. 울퉁불퉁한 작은 돌이 매끄럽고 윤이 나는 조약돌로 되기까지는 수많은 부닥침과 깨짐의 과정이 있어야 한다. 이러한 조약돌은 시인들에게 있어 자연주의를 지향하는 시재詩材로 사랑과 이상에 대한 환희의 대상이 된다. 손안에 움켜쥔 조약돌이 자신을 삶으로 이끌어준 하나의 작은 매개체였으며, 항시 호주머니에 넣고 손끝으로 굴리면서 삶을 꿈꾸었다는 어느 시인을 떠 올리게 한다. 화자는 얼마나 부딪혀야 모가 닳아 둥글게 되고 차이고 밟힐수록 상처 없이 반들반들하게 윤이 나는 돌로 탄생 하겠나 라고 자문한다. 조약돌은 물에 젖을수록 색깔이 더욱 선명하고 그 조약돌에 귀를 대면 파도소리도 들릴 것 같으나 들을 수가 없다는 안타까움을 형상화 한다.

회초리 들었다고
학대라 하지말게

비틀비틀 쓰러질 때
일으켜 세워주며

정신줄
놓지 말라고
종아리를 쳤다네

—「팽이치기」 전문

팽이의 속성은 두들겨 맞아야 사는 목숨이고 채찍으로 치지 않으면 돌아가지 않고 곧 쓰러진다. 곧 죽음인 것이다. 기원전 12세기 중국인들이 채찍으로 처서 돌아갈 수 있는 팽이를 만들었고, 고대 로마에서는 동물의 뼈나 구운 점토를 이용하여 팽이를 만들었다는 설이 있다. 그리스의 시인 호머(homer)가 그의 작품을 통하여 일리아드의 트로이가 몰락하는 것을 "마지막 회전에 가까워서 비틀거리는 팽이처럼 휘청거렸다."라고 비유적으로 쓴 것이 문학작품 속에 최초로 등장한 팽이이다. 시인은 역설로 두들겨 패야 사는데 학대하지 말란다. 이러한 역설은 시적 이미지를 한층 고조시키는 수법으로 대칭되며 곧 이은 문맥에서 쓰러질 때 일으켜 세워주는 채찍이어야 한다는 점을 은근히 강조하는 효과를 노린 것이다. 마지막 종장에서 "정신줄 놓지 말라고 종아리를 쳤다네."로 마무리 한 것은 현실에 대한 주체의식의 마감효과이다.

오늘도 어제처럼 슬픈 손을 씻는다
비릿한 세상 때로 더럽힌 마디마디
씻어도 오염이 되는 슬픈 손을 씻는다

오늘도 어제처럼 슬픈 손을 씻는다
거칠고 분별없는 욕망의 무쇠갈퀴
비워도 되채워 있는 슬픈 손을 씻는다

—「손을 씻으며」 첫째 수와 셋째 수

위에서 인용한 "손을 씻으며"는 세수로 된 연시조로 직조 되어 있으며 외형적 질서(정형)를 잘 지킨 작품이다. 우리의 삶에서 말로는 거짓말을 할 수 있지만 행위는 숨길 수 없고 그 숨길 수 없는 행동들이 모이면 어떠한 의미를 재탄생 시킬 수 있다. 작품이 작가의 손을 떠나는 순간 어떠한 해석도 작가는 가급적 관여하지 말아야 한다. 그 작품에 대한 감정의 깊이를 가늠할 수 없이 작품을 쓴 경우에 진심이 왜곡되기 쉽기 때문이다. 수용자에게 이러한 의미가 각기 다르게 해석될 수 있지만 그 진심은 직접적이고 솔직한 진술을 하는 것 보다 몇 배 더 감정적으로 다가오기 마련이다. 화자는 세상을 더럽힌 손마디를 어제처럼 오늘도 씻는다. 거칠고 분별없는 욕망들을 마음속에서 비워도 채워지는 거칠고 오염된 손을 씻어 본다. 움켜쥐었던 주먹을 펴보아도 균열의 강은 소리 없이 흘러가고 있다. 이 균열의 강이 휩쓸고 지나간 뒤의 강바닥 같은 고적함을 애써 씻어 보려한다.

3. 세밀한 관찰과 시적 수사修辭의 세계

시조란 시절가조로 동 시대의 노래라는 뜻을 내포하고 있으며 반전의 민족 문학이다. 시조가 성리학적 세계관에 미의식으로 생성되어 시형의 형식을 취하고 있다. 결국 시조가 헤겔(G.W.F.Hegel)식 변증법적 논리 과정의 하나인 시형으로 양식화함으로써 현대 시문학의 한 장르로 자리매김 하였다. 시조가 차별화되는 극적 전환의 미학이 자유시와 변별되고 감동을 불러일으키는 시조 형식의 핵심이 된다. 특히 종장에서 시화의 변화가 시적 긴장을 가지는 전환의 미학에 비트는 절제의 기법이 참으로 중요하다. 종장의 전환이야말로 자유시와 차별화되고 긴장감을 불러일으키는 시조 형식의 미학에 핵심이 된다. 시조미학의 형식이 정형성과 유연성, 그리고 세련성으로 형식 체험 속에 유감없이 발휘된다면 시조의 영속적 발전을 담보하게 될 것이다. 시조가 발전하려면 영상과 가곡성에 노래 가사로 결합시키려는 긴 안목이 필요하다. 고시조는 초기에 유교이념의 영향으로 안정과 균형의 미의식을 지닌 단시조가 주류를 이루었다. 시조의 3장 6구 구조가 시조에 정형성을 담보하는 핵심적 바탕이 되는 유전자라 해도 과언이 아니다. 박 필상 시인은 시적 영혼을 안주시킬 내세 속에서 다각화의 언어를 이용한 작품으로 자신의 존재에 대한 깃발을 꽂으려한다. 일상에 매몰되어 혼미하게 생활하는 우리들에게 값진 영혼을 일깨워 주고 있다. 자연에 들락거리는 대부분의 시인들은 영성적 감흥을 불러일으키려는 노력에 최선을 아끼지 않는 경향이 있다. 그러나 시조를 쓰는 작가가 현재적 사실묘사를 통해 독자들에게 항상 불의를 좌시하지 않는 시대를 노래하고 그러한 정의감과 함께 소중한 발자취를 남기려 한다. 이러한 측면에서 시인의 작품을 유영해본다.

지병 많은 이 산하의 잔기침 소리에도
부르르 몸을 떨던 귀먹고 눈먼 풀잎
가슴속 피멍 가리고 꿈을 잣던 푸른 노래

먼 달빛 불러내려 비질한 뜨락 위에
이제사 펼쳐 보는 천의 웃음 천의 울음
그 강물 도도한 함성 출렁이는 열두 굽이

티끌로 엉긴 세사 모닥불에 벗어 넣고
덩더꿍 더엉더꿍 마당귀를 돌고 돌아
칠흑의 바다를 헤는 나를 찾고 있음이여

—「탈춤」 전문

탈춤은 얼굴에 탈을 쓰고 추는 춤으로 탈의 형태와 발상 고장에 따라 탈춤의 명칭이 따라 붙는다. 정통탈춤을 비롯하여 봉산탈춤, 강령탈춤, 은율탈춤, 안동 하회별신굿 탈춤이 대표적이며, 이밖에도 고장에 따른 명칭의 탈춤들이 민속으로 전해지고 있다. 화자는 고장마다 서민들의 서러운 사연의 탈춤을 지병 많은 잔기침 소리로 은유하고 있다. 규제의 벽이 높은 환경에서 하고 싶은 말 못 하고 보고 싶은 것 보지 못한 귀먹고 눈먼 풀잎으로 서민들을 비유하고 있다. 어쩌면 오늘날 우리들이 처한 화자 자신이기도 하다. 아무리 사회의 제도가 엄격해도 탈춤을 추면서 도도히 출렁이는 강물처럼 각박한 세상에 천의 탈을 쓰고 천의 웃음을 지어보려는 의지를 꺾을 수가 없다. 티끌로 엉긴 세상사를 모닥불에 태우면서 마당을 돌고 도는 엉덩이 탈춤으로 암울한 삶에서 자신을 찾으려한다. 이 작품은 첫째 수에서 원성이 많은 지방

백성들을 귀먹고 눈먼 풀잎으로 은유하였다. 둘째 수에서는 암흑의 세상에서 고통 받는 현실을 탈춤으로 승화시키려는 의도로, 셋째 수에서 마당을 돌면서 한바탕 탈춤으로 자신의 존재를 찾으려는 의지를 형상화 하였다.

애초에 눈도 귀도 버리고 태어났네
손발도 무거워서 그냥 두고 왔다네
분별할 마음 없으니 알몸인들 어떠랴

어느 여름날 오후 소나기 그친 뒤에
젖은 땅 온 몸으로 꿈틀꿈틀 기어가다
한적한 길섶 어디쯤 한 벌 목숨 벗으리

뙤약볕 내리쬐어 꼬드러져 누운 육신
개미 떼 온갖 벌레 배불리 먹고 나면
겨자씨 한 알 만큼의 거름이야 늘겠지

—「지렁이」 전문

태생부터 눈도 귀도 버리고 무거운 손발까지 다 버린 채 알몸으로 태어났으니 사리를 분별할 마음조차 없어 아무른 구애도 받지 않고 살아간다. 이러한 지렁이는 애당초 원업을 안고 살아가야 하는 운명이다. 이 지렁이는 빈모 장에 딸린 환형동물로 습기와 유기물이 풍부한 토양에 서식한다. 발이 없고 머리와 꼬리부분은 퇴행하여 빈모로 인한 탈피에 마디마다 뻣뻣한 털이 있다. 시인은 이 지렁이를 어떻게 관찰하고 있는가. 화자는 어느 날 소나기 오는 젖은 땅을 바라보다가 지렁이가 기어가는 것을 목격한다. 꿈틀거리며 한적한 숲속 어디쯤에 하나의 목숨을 마감할까 하는 예감이 머리를 스친다. 아니면 뙤약볕이 내리 쬐는 땅바닥에 건드러져 누워 바싹 마른 몸으로 개미와 온갖 벌레들의 먹잇감이 될 것이라고 생각한다. 또 한편 몸이 썩어 한줌 거름으로 땅을 기름지게 하는 자연의 회전 순리를 감지한다.

무수히 칼질당한 하루의 잔해들이
일몰의 대지 위에 흔적 없이 묻힌 뒤에
바람 찬 벌판에 놓은 어린 혼을 거둔다

언제나 거역 못할 생존의 위엄 앞에
비지땀 흠뻑 젖은 노동을 바치다가
한 마리 순한 짐승처럼 웅크리고 앉는 시간

끝없이 번져가는 어둠의 불길 속에
한 점 남은 의식마저 하얗게 타버리면
비로소 날개를 단다
날개 푸른 새가 된다

— 「잠」 전문

잠은 인간을 비롯하여 모든 생물이 일정한 시간동안 의식이 없는 상태로 마음과 몸의 활동을 잠시 중단시키는 것을 의미한다. 달콤한 수면은 고단한 활동의 후유증을 풀어준다. 잠을 자게 되면 꿈을 꾸게 되어 잠과 꿈은 불가분의 관계를 형성한다. 그래서 꿈은 현실에서 실현 불가능할 수 있고 몽상(헛꿈)에 불과 하기도 하다. 잠을 자다가 현실에서 간절히 바라는 희망의 꿈이 실현되는 것을 우리들은 종종 경험한다. 잠속 꿈의 모습은 신비에 가득 차 있고 뜻하지 않은 장소에서 모르는 사람과 생각지도 않던 일을 하고 있는 자신을 발견하게 되는 경우도 있다. 대개의 사람들은 잠을 자다가 끈 꿈에 반응이 분명하여 어떤 때는 유익한 예감이 들기도 한다. 꿈에서라도 자신의 희망이 이루어졌다면 그 순간만은 꿈속에서나마 가장 행복한 순간이다. 시인은 잠을 자면서 어떤 꿈을 꾸고 있는가. 화자는 하루가 고단한 잔해들을 해소하기 위하여 일몰이 지는 밤늦게 잠자리에 든다. 잠속에서 찬 벌판에 버려진 영혼을 거두는 꿈을 꾼다. 환경에 지배당한 생존의 위엄들은 진땀 흘린 노동을 바치면서 짐승처럼 웅크리는 새우잠을 잔다. 깊은 밤 다 타버리고 조금 남아있는 의식마저 꿈속으로 잠이 든다. 꿈속에서나마 희망의 날개를 달고 창공을 훨훨 날아간다.

4. 가야할 방향과 자아의 의식을 일깨우다.

박 필상 시인은 절박한 마음으로 "영원히 진실 된 인

간의 모습은 무엇이며, 영원한 아름다움과 가치는 무엇인가."라는 자문을 하면서 자아의 의식을 상실한 아픔의 중환을 지금 앓고 있다. 그러나 시조라는 명약으로 환생의 꿈을 꾸며 치료를 하고 있다. 그 증거로 주체를 상실한 자아의 생명력이 없는 타락한 물질문명의 껍질 안에서 아직까지 탈피하지 못한 우리들의 일그러진 모습에 비판의 소리를 들으며 냉철하게 자성하려는 자세를 취하고 있음이다. 인간의 삶에는 빛과 어둠이 교차하는 우여곡절이 있기 마련이다. 인생을 경영하는 삶의 과정도 이와 다를 바 없는데 굳은 의지로 중심을 잡아 노력하고 인내하며 연마 한다면 그 어떤 시련도 극복하여 밝은 미래를 기약할 수 있다. 신뢰와 보람이 자리한 삶을 통하여 헤아리는 심연에서 솟구치는 정감이 감동을 이끌 때가 있다. 인간은 스스로 격려하며 가장 높은 곳에서 잠시나마 세상을 내려다보길 원한다. 사소한 오류들이 임계점을 향해 쌓여가고 발길이 끊겨도 불가능에 도전하고 싶은 욕구는 개인을 발전시키고 인간사회를 도약 시킨다. 구차한 소리에 자존심이 상할 수 있지만 마음에 꽂아 새겨들을 경구이다.

인간은 언제나 학습보다 망각을, 행복보다 파괴를 왜 선호하는 걸까. 상상하지 못할 일들이 벌어지는, 언제나 잔인하고 폭력적인 망각을 끊임없이 반복한다. 저 괴물이 불쑥 튀어나온 자궁은 여전히 생산 능력이 있다. 피치 못할 사연인데 비바람 눈서리가 내리지 않는 세상이 어디 있겠는가. 시인의 의식 속에 종교적 인상을 풍기기도 하고 철저한 도덕적, 윤리적 시각으로 시적 대상을 판단하여 자신의 사상과 가치관에 부합 되도록 관념을 짜 맞춘다. 시상은 어디까지나 발상의 동기가 되어 이에 따른 정서적 반응을 시각화한 결과물이다. 인간은 살아온 세월만큼 숫한 우여곡절과 사연들을 나름대로 추상할 수 있는 근거를 제공한다. 한때에 팔베개를 하고 밤하늘의 별을 헤며 꿈과 이상을 키우던 유년시절이 연상의 망막 속에 주마등처럼 펼쳐진다. 이러한 연유가 아무리 충실한 삶을 영위했다 하더라도 쌓이는 세월에 필연적으로 수반되는 허무의식과 무상감을 훌훌 털어 버리기가 쉽지 않다. 시적 대상에서 채굴한 현상을 축약하여 적절한 언어로 깔끔하게 작품을 직조하고 있다. 여기에 자양의식을 투사하여 시상을 구성하는 시인이 부대끼면서 살아가는 생활주변의 일상을 더듬어 본다.

하늘이 빙빙 돈다
어질머리 앓고 있다
잔기침 쿨룩이며
비틀대는 놀빛 오후
거리는
목마가 되어
나를 싣고 떠난다

어디로 가는 건가
어디 가서 부릴 건가
생각을 잊어버린
나그네 등에 업고
뛰어도
뛰어도 거기
맴을 도는 회전목마

—「도회의 거리에서 · 5」 전문

인용한 위의 작품 "도회의 거리에서·5"는 –회전목마–라는 부제를 달고 있다. 시인은 도시의 거리를 걸어갈 때면 회전목마를 타고 빙글빙글 돌아가며 메스꺼운 속 트림을 한다. 비틀대는 오후의 거리는 흡사 돌아가는 목마가 되어 화자를 싣고 떠난다. 시인은 오후의 거리를 거닐면서 자아의 현실적 존재의식에 회의를 품는다. 지금 스스로 가고 있음이 어디로 가는 것인지, 또한 어디 가서 자신을 찾을 것인지 조차 알 수 없는 주체 잃은 육신을 거리에 떠맡긴다. 떠맡겨진 육신은 상실한 자아를 아프게 체험을 한다. 생명이 실종된 자아는 혼탁한 세상을 정화하기 위해서 부단히 노력하는 우리 모두의 모습일 수도 있다. 우리들은 이러한 시각과 정서에서 지극히 인간적인 상태로 세상을 투영하는 화자의 안목과 순수한 인본주의사상에 뿌리박힌 인생관을 넉넉히 짐작하게 한다.

어젯밤 악몽으로 단잠을 설친 아침
햇살은 어김없이 창문을 두드리며
한 목숨
조리돌리듯
출근길을 재촉한다

오늘은 또 누구와 저 거리 어디쯤서
진실을 자질하는 수인사를 나눌까
귓가에
달콤한 말씀
분수처럼 뿜으며

—「도회의 거리에서 · 6」 전문

위의 작품 "도회의 거리에서·6"은 –아침에 일어나– 라는 부제를 달고 있는데 "도회의 거리에서·5"처럼 이미지를 콜라보레이션(Collaboration)에 효과를 의식한 연작으로 이러한 표현의 작품은 현대 시조에서 많이 나타나는 모더니티(Modenity)의 한 형태이다. 간밤에 잠을 설친 험한 꿈에도 어김없이 아침 햇살은 비치고 오늘도 고된 하루의 일상이 시작되는 피로한 출근길이 재촉을 한다. 시인은 거리에서 누구를 만나며 어떤 사람과 수인사를 나누게 될지 촌음의 미래가 참으로 궁금하다. 이러한 궁금증이 더하여 어떠한 짧은 대화를 나누게 될지 이 삭막한 도회의 출근길이 몹시도 고달프면서 가쁘다. 도회의 거리에서 많은 것들이 소외되고 경시되어 누구에게도

닿지 않는 형상들을 찾아내어 의미를 부여하고 생명력을 불어넣고 있다. 박 필상 시인의 "도회의 거리에서" 연작시를 대하면서 시인은 언제나 사람 위주로 시선이 주도되는 세상의 논리를 조용히 성찰하게 하고 있음이 감지되고 있다. 작품의 깊이와 품위를 지니는 것은 시 세계속의 자신에 대한 사색과 관찰을 통한 직시함일 것이다.

해맑은 눈빛으로 아침이 찾아와도
언제나 종종걸음 쫓기듯 한 일상 속에
어느 새 이웃마저도 낯이 설어 서먹하다

서서히 어둠 내려 영토를 점령한 곳
늦은 귀갓길을 터벅터벅 걷다 보면
따르는 내 그림자에 움찔 발길 멈춘다

―「골목길」 부문

작품 "골목길"은 세수로 된 연시조로 시인이 유년시절 살아왔던 동네 골목길의 모습을 묘사하고 이에 이르러 촉발된 정서를 노래한 구조로 얽고 있다. 울타리도 없고 담도 없이 오순도순 따뜻한 인심으로 살아왔던 마을이 이제는 다들 타지로 떠나고 전설로 남은 절해의 외로운 고도처럼 변해가고 있다. 이 작품은 첫째 수에서 화자는 유년시절 마을의 골목길 모습을 회상 한다. 언제나 아침 햇살이 눈부시고 종종걸음으로 뛰어놀던 다정한 골목은 세월이 지난 지금 이웃마저 낯이 설다. 셋째 수에서 늦은 귀가의 골목길을 터벅터벅 걷다보면 기우는 서쪽 햇빛에 길게 드리우는 자신의 그림자를 보면서 발길을 멈추던 기억을 새삼 떠올린다. 이 시편은 잃어버린 소중한 실체들을 다시 부활하게 하는 생성의 매개체로서 시안을 다루고 있다. 지금 있는 것의 실체를 드러냄으로써 미래의 삶까지 움켜 지려는 것이다. 이 현존의 실체는 존재의 근원적 고독이다. 캄캄한 망각 속으로 사라져 가려는 어떤 진실의 빛을 되살릴 수 있는 지점이기에 차가운 낯섦이 되어버린 세계를 눈물겹게 껴안아 보려한 것이다. 그 영원한 망각에 심연으로부터 자아의 존재를 지킬 수 있다는 시인의 창작 신념을 더욱 돋보이게 한다.

생각을 일으키면 어디에도 나는 없고
마음을 내려놓으면 천지에 내가 있네
먼먼 길
돌고 돌다가
허방다리 짚은 세월

애초에 몸도 맘도 내 것이 아닌 것을
허욕의 거센 불길 가슴 열어 잡고 보면
저 산도
푸른 하늘도
거기 있어 아름답네

— 「나를 찾아서·5」 전문

시인은 원점에서 실종 된 자아를 찾으려한다. 결심은 내부에서 내면을 함몰시킨 감정을 현실 세계에서 떼어내고 자아와 세계를 격리 시키려는 시도가 필요하다. 자아 성취의 좌절과 고통스러운 현실을 의식적으로 무의식세계로 분리한 단절의 시간을 통해 성숙하려한다. 부화한 스펙터클과 싸우는 최후의 힘이 소중한 것은 곁에 있는 사소한 통찰이다. 삶에서 소중한 것은 현재 그리고 지금 여기에 있는 작은 것들이다. 그 사연이 먼 길을 돌아와 발끝에 바삭 거리면 자아를 추구하라는 신호일 것이다. 생각을 돌이켜 보아도 자신은 그 어디에도 없으나 마음을 내려놓고 보면 세상 속에 자아가 있음을 깨닫는다. 애시 당초 허욕이 가득 찬 오욕에 몸도 마음도 자신의 것이 아닌데 가슴을 활짝 펴고 열어보면 어딘가에 자아가 있어 모든 것이 아름다워 보일 것이다.

5. 결어

흡인력 강한 작품이 열정적 지지와 불가지론의 비평이 겹친다. 선수는 선수를 알아보고 제정신 아닌 사람들이 좋아질 때 자신도 역시 제정신이 아니다. 피가 뜨거워지고 시를 읽고 나면 전과 달라진 마음이 몇 센티 정도 움직였다면 그것이 감수성의 계발이다. 객관적 관상물의 시적표현은 감정상 이입수법으로 의인화할 때 그 이미지가 더욱 선명하게 나타나게 된다. 그러므로 끊어낼 수 없는 죄의 탯줄은 극도로 절제된 얼개로 엮어 놓음으로써 확대된 보편적 울림은 읽는 이들에게 느낌을 전해줄 수 있게 된다. 대부분 사람들은 먼 길을 너무 빨리 달려오는 동안 불러일으킨 수많은 기억과 상상 속으로 인도한다. 세상은 이완의 즐거움을 가득채운 보물 상자이다. 삶을 편집하고 선택과 집중의 편집은 참으로 재미있는 작업이다. 눈에 띄지 않는 시료詩料를 골라내고 강조하며 효과를 덧입혀 의미 있는 새로운 작품을 만들어 낸다. 무에서 새로운 유를 창조하는 창작 작업, 인생 역시 자신의 편집 능력에 따라 달라진다. 핵심만을 골라 효과를 극대화하듯 버릴 것과 남겨둘 것을 판단할 때 기준이 되는 것이 삶의 목표이다. 핵심을 골라내어 단순화시키고 선택과 편중의 중요성을 역설하는 자신의 삶을 편집하는 기준이 된다. 이러한 가설의 기준으로 박 필상 시인의 작품세계를 단편적이나마 둘러보았다.

박 필상 시인은 시조미학의 영혼을 깨우는 실존의식으로 시적 자아의 실체적 가치에 대한 처절한 추구로 시작에 임하고 있음을 확인하였다. 그리고 일상에서 세밀한 관찰과 시적 수사의 세계는 가히 칭찬 받을 이유가 충분하다. 앞으로 가야할 방향과 자아의 의식을 일깨우면서 아름다운 건필을 빌어둔다.

※ 본 평설은 『시조문학』 통권214호(2020봄호)에서 옮겼음

〈평설2〉

삶에 대한 성찰과 죽음에 대한 단단한 의식

– 박필상 시인의 작품 세계

천 성 수

(시조시인, 문학평론가)

〈평설 2〉

삶에 대한 성찰과 죽음에 대한 단단한 의식

– 박필상 시인의 작품 세계

천성수 | 시조시인, 문학평론가

제18회 성파시조문학상(2001년)을 수상한 박필상 시인의 작품을 많이 접하지 못해 정확한 평을 하기가 쉽지 않다. 하지만 많은 작품을 접하지 않았어도 박필상 시인의 삶과 죽음에 대한 의식을 들여다보는 일은 그렇게 어렵지 않은 일이라 생각한다. 박 시인은 태어나서 살아가다가 다시 본래의 무로 돌아가는 인간의 삶에 대한 의식이 매우 튼튼하고 명확하다. 그리고 이런 튼튼하고 명확한 의식이 자신의 생활에 그대로 잘 나타나 있어 작품을 읽으면 삶과 죽음을 바라보는 경지가 무척 넉넉하고 깊다는 것을 알 수 있다.

여러 시인들이 쓴 작품들을 보면 글과 사람이 일치하지 않아 고개를 갸웃거리게 될 때가 간혹 있다. 다시 말하자면 언행의 일치가 되지 못해서 얼핏 보면 괜찮다고 느껴지는 작품이 그 사람을 떠올릴 때는 오히려 빛을 잃게 되는 경우가 있다. 그런데 박 시인은 자신의 작품과 삶이 일치하기에 언제 읽어도 감동을 주고 독자를 공감시키는데 무리가 없다.

인간의 삶을 출생(시작)과 성장(과정) 그리고 죽음(결과)이라는 측면으로 놓고 볼 때 출생은 자신의 의지와 상관없이 이루어지는 일이다. 그렇지만 성장은 끝없이 갈등하고 고민하고 시련을 겪으면서 삶을 옹골차게 엮어나가는 의지와 관련된 과정이다. 박필상 시인은 이 성장의 과정에 대해 나름대로 깊이 고뇌하고 갈등하는 속에서 성찰하는 작품을 그려내고 있는 것도 하나의 특징으로 보인다.

그리고 어느 땐가 삶의 결과를 담담하게 받아들이고 다시 원래의 무로 돌아가야 하는 죽음에 대한 강고한 의식이 또한 인상 깊은 특징 중의 하나라 할 수 있다. 앞에서 말한 이런 성장(과정)과 죽음(결과)이라는 면에 초점을 맞추어 박 시인의 작품에 대한 감상을 적어 본다.

담쟁이

앞에 벽이 있을 때
비로소 힘이 난다
오를 곳이 없으면
시들시들 죽는다
폭우를 맞은 후에야
더욱 푸른 저 잎새

우리가 넋을 놓고
주저앉아 있을 때
말없이 온 몸으로
그 벽을 오른다
마침내 수천의 깃발
고지 위에 꽂는다

먼저 삶의 과정에서 볼 때 성파시조문학상 수상작인 박 시인의 〈담쟁이〉라는 위의 작품은 매우 강인한 느낌을 준다.

사람은 어떤 환경에서 살게 될지 이 세상에 나오기 전에는 아무도 모른다. 좋은 환경에서 태어나 부족한 것 없이 살다가도 어려움에 처할 수 있고 태어날 때부터 어려운 환경 속에서 자랄 수도 있다. 또 살아가면서 뜻하지 않은 갖가지 시련과 고난에 봉착할 수도 있다. 이런 시련과 고난은 입학시험의 불합격일 수도 있고 사업 실패일 수도 있고 불의에 대한 저항의 좌절일 수도 있다. 그럴 때 더 이상 현실의 시련과 고난을 극복하지 못하는 사람도 있고 자포자기하는 사람도 있다. 그렇지만 어떤 경우라도 사람은 자신에게 닥쳐온 시련과 고난을 이겨낼 때 더욱 값지고 의미 있는 삶, 풍부한 삶을 살 수가 있다.

박 시인은 〈담쟁이〉의 첫 수 초장에서 고난과 시련이 있을 때, 말하자면 극복해야 할 대상이 있을 때 좌절하

거나 자포자기보다는 오히려 힘이 난다고 한다. 그런 극복할 대상, 도전할 대상이 없으면 시들시들 죽는다고 말하면서 도리어 시련을 겪으면서 끝없이 앞으로 아나갈 때 더 크게 푸른 세상을 만들 수 있고 더 위대한 성취감을 얻을 수 있다고 생각한다. 이렇게 고난과 고통을 극복하고 났을 때 인생의 의미는 더욱 값진 법이다.

손을 씻으며

오늘도 어제처럼
슬픈 손을 씻는다
비릿한 세상 때로
더럽힌 마디마디
씻어도 오염이 되는
슬픈 손을 씻는다

움켰던 주먹 펴면
균열의 강이 울고
우우우 일어서서
흩어지는 잿빛 바람
모두 다 쓸려간 뒤의
갯벌 같은 이 고적孤寂

오늘도 어제처럼
슬픈 손을 씻는다

거칠고 분별 없는
욕망의 무쇠갈퀴
비워도 되채워 있는
슬픈 손을 씻는다

실상문학상 수상작인 〈손을 씻으며〉는 박필상 시인의 대표작 중 하나다. 〈손을 씻으며〉라는 제목의 '손' 대신 '마음'이나 '가슴' 아니면 '욕망' '욕심' '탐욕' 등을 놓고 읽어 보면 조금 더 음미하기가 좋다. 손을 씻는다는 것은 자기 반성, 자기 성찰이다. 욕망, 욕심, 탐욕, 허욕 이런 모든 것들이 시인에게 있어서 다 씻어내야 할 것들이다. 어제처럼 오늘도 내일도 끝없는 반성의 시간을 가지면서 시인은 자신을 다듬고 자신을 바로 갖고자 애를 쓴다. 그 반성은 일회적이 아니고 늘 행하는 영속성이 있다. 첫 수 초장에서 '오늘도 슬픈 손을 씻는다'는 내용이 셋째 수 초장에서 반복되는 것을 보면 시인의 삶은 세속적인 것에서 벗어난 삶을 추구하고자 하는 의식이 매우 강렬하다는 것을 알 수 있다. '비워도 다시 채워져 있는 욕망, 욕심, 탐욕, 허욕'을 씻기 위해 시인은 죽을 때까지 성찰하면서 살아갈 것이라는 강한 신념의 일단을 보여주고 있다. 현대를 살아가면서 반성이 없고 스스로의 잘못을 알지 못하는 우리가 배워야 할 점이 바로 이런 것이 아닐까?

현대를 살아가고 있는 우리 모두가 욕망, 욕심, 탐욕,

허욕을 줄여나갈 때 세상은 살 만한 곳이 될 수 있고 우리 자손들의 미래도 희망적이고 의미 있는 것이 될 수 있다.

지렁이

애초에 눈도 귀도
버리고 태어났네
손발도 무거워서
그냥 두고 왔다네
분별할 마음 없으니
알몸인들 어떠랴

어느 여름날 오후
소나기 그친 뒤에
젖은 땅 온몸으로
꿈틀꿈틀 기어가다
한적한 길섶 어디쯤
한 벌 목숨 벗으리

뙤약볕 내리쬐어
꼬드러져 누운 육신
개미 떼 온갖 벌레
배불리 먹고 나면
겨자씨 한 알 만큼의
거름이야 늘겠지

제목의〈지렁이〉는 시인 자신이다. 지렁이를 통해서 자신의 삶에 대한 마음가짐을 빗대어 말하고 있다. 눈과 귀를 통해 보고 들으면서 사람들은 자신보다 나은 자, 더 가진 자와 비교하게 되고 그 비교를 통해 욕심과 욕망을 불러일으키게 된다. 그래서 눈도 귀도 손발도 없는 지렁이가 된다면 분별할 수 없으니 그냥 빈손, 빈 마음으로 살다가 갈 수 있다는 것이다.

아무것도 가진 것 없이 알몸 하나만 가지고 왔는데 무얼 더 가지고 무얼 더 욕심낼 것인가? 그저 비우고 살다가 육신마저도 개미 떼와 온갖 벌레 배불리 먹도록 할 수만 있다면 시원하게 훌훌 털고 갈 수 있을 것이란 게 시인의 마음가짐이다. 삶의 시작과 끝을 명확하게 바라보면서 줄 것 다 주고 버릴 것 다 버리고 비울 것 다 비우고 갈 수 있다는 게 얼마나 어려운 일인가? 박필상 시인의 삶은 바로 이런 자세, 이런 마음으로 살아가고 있을 것이라는 유추가 가능하다.

도회의 거리에서·5
– 회전목마

하늘이 빙빙 돈다
어질머리 앓고 있다
잔기침 쿨룩이며
비틀대는 놀빛 오후
거리는

목마가 되어
나를 싣고 떠난다

어디로 가는 건가
어디 가서 부릴 건가
생각을 잊어버린
나그네 등에 업고
뛰어도
뛰어도 거기
맴을 도는 회전목마

작품의 제목〈도회의 거리에서·5〉의 부제 '회전목마'는 지구라고 봐도 좋다. 시인은 치열한 삶이 전개되고 있는 도회의 거리에서 끝없이 돌고 있는 지구를 회전목마로 보고 있다.

아니, 변함없이 반복되고 있는 하루, 하루를 회전목마로 보고 있다. 비틀대는 도회의 놀빛 오후 거리를 의식하는 시인의 정신은 늘 혼미하고 어지럽다. 다람쥐가 쳇바퀴 도는 듯한 삶에 대해 강한 회의와 의문을 갖고 자신을 돌아보고 있다. 그러면서 시인은 대관절 내 삶이 어디로 가고 있는 것인가? 어디 가서 내 삶을 부릴 것인가? 라고 자문하고 있다. 하지만 치열하게 살아내야 할 메마른 세상은 아무리 발버둥치고 뛰어 봐도 거기서 거기다.

시인이 바라보는 삶은 시인 자신뿐만 아니라 대개의

서민들 삶이 다 그렇게 보인다는 의미로 확대해 볼 수도 있다. 그렇게 살아가고 있는 우리 서민들의 삶은 끝없이 버둥거려 보아도 변함이 없다. 언제나 거기서 거기고 맴만 돌 뿐이다. 그렇지만 거기서 거기인 삶에 머물러 살기보다는 거기서 거기인 데에서 벗어나야 한다는 역설적 의미를 던져주는 것도 읽어내야 할 것이다. 삶을 뚫어지게 의식하면서 살아가고 있는 박필상 시인의 눈길을 이 작품을 통해서 무겁게 읽어 낼 수 있다.

아내에게

가난한 아내에게
나는 빚쟁입니다
아무것도 준 것 없이
내놓으라 닦달만 한
사십년 세월이 쓰려
가슴으로 웁니다

탐이 나 옮겨 심은
내 불모의 돌밭에서
비바람 그 눈보라
억새처럼 가누어 온
당신의 등 뒤에 묻은
노을빛이 섧습니다

이 작품에서 가난한 아내라고 한 시인의 말을 통해

미루어 짐작해 본다면 시인은 넉넉하게 살지 못했는지도 모르겠다. 남편으로서 아내에게 늘 생활의 무거운 짐을 지게 한 삶이 아니었을까 싶은 생각도 든다. 그런 아내를 생각하면서 시인은 일이 년도 아닌 고생만 시킨 40년 긴 세월이 쓰라려 가슴으로 깊이 울고 있다. 이제 나이가 들고 노을빛이 내리는 인생길에 선 아내를 바라보는 시인의 눈길이 무척 애잔하고 애틋하다. 박 시인의 이 작품 역시 자아성찰의 자세가 잘 드러난 것으로 모든 남편들에게 스스로를 돌아보게 하는 울림이 큰 작품이다.

바다

바다는 엄마처럼
가슴이 넓습니다
온갖 물고기와
조개들을 품에 안고
파도가
칭얼거려도
다독다독 달랩니다

바다는 아빠처럼
못하는 게 없습니다
시뻘건 아침 해를
번쩍 들어 올리시고

배들도
갈매기 떼도
둥실둥실 띄웁니다

초등학교 4학년 교과서에 실린 동시조〈바다〉는 박필상 시인이 얼마나 바르게 살아왔고 또 순박하게 살아온 분인가를 잘 말해주는 작품이라 하겠다. 동시조는 순수한 마음, 따뜻하고 고운 마음이 바탕에 깔려 있지 않으면 쓰기가 어렵다. 타인의 작은 슬픔에도 마음 아파 눈물을 흘리는 사람, 착하고 고운 것에 늘 눈길이 닿아 있는 사람이라야 쓸 수 있다. 그래야 좋은 글이 되고 독자들에게 울림을 줄 수 있는 글이 된다.

항상 끊임없는 자아성찰의 자세로 살아가고 있는 박필상 시인의 동시조 '바다'는 자식을 따뜻하게 품어주는 바다 같은 엄마의 사랑과 자식을 먹여 살리기 위해 어떤 일도 다 해내는 든든한 아빠의 사랑을 그린 작품이다. 엄마의 넓은 품과 아빠의 무한한 능력을 바다에 빗댄 것이 선명하고 깔끔해서 멋지다.

해우소

부처님을 '똥막대기'란
스님도 계셨는데

뒷간을 '극락정토'래도

뭐 그리 망언이랴

사는 게
고해이거든
거기 가 해탈하소

절간에서는 화장실을 해우소解憂所라고 한다. 한자를 뜻 그대로 풀면 '근심을 푸는 곳' 달리 말하면 '번뇌가 사라지는 곳'이 된다. 부처님을 해우소의 똥막대기라 한 것도 해우소를 극락정토라 한 것도 시인은 망언이 아니라고 했다. 왜냐하면 해우소 그곳이 바로 근심을 푸는 곳, 바로 해탈하는 곳인데 뭐 달리 말할 게 있느냐는 뜻이다. 식탐 때문에 많이 먹어 더부룩하고 괴로울 때 해우소 거기 가서 변을 털어내고 나면 얼마나 시원한가? 우리네 고통스럽게 느껴지는 삶도 크게 보면 아무것도 아니다. 변을 털어내듯 그렇게 훌훌 털어버리면 얼마나 가벼운가? 시인은 욕심과 욕망에 얽매여 복잡하게 살 것 없이 그냥 털 것 다 털고 가벼운 마음으로 살아도 된다는 의미를 터득한 것이다. 모든 것은 자기 마음이 지어내는 것이고 그 마음이 스스로를 옭아매고 괴롭히는 것이다. 자신에게 주어진 상황을 어떻게 생각하고 어떻게 받아들이느냐에 따라 천국도 될 수 있고 지옥도 될 수 있는 것이다. 해우소에 가면 어떤 것이든 털어 낸다. 우리는 죽을 때 다 털어내고 갈 것들뿐이다. 가지고 갈 것

하나도 없다. 좋은 것이든 나쁜 것이든 물건이든 생각이든 해우소에 버리고 갈 것뿐이다.

징검다리

깨금발로 건너갈까
모둠발로 건너갈까
동구 밖 시냇물에
놓여 있는 징검다리
아니야
흰 구름처럼
낮달처럼 건너야지

날마다 땀에 젖어
지치고 힘들어도
고운 친구 미운 친구
모두 다 반겨 맞는
내 마음
푸른 물속에
놓아보는 징검다리

앞에서도 말했듯이 동시조는 마음이 맑고 고운 사람이 아니면 쉬 쓸 수가 없는 것이다. 박필상 시인은 눈길을 끊임없이 자신의 내면을 향해 두고 있는 사람이다. 그리고 끊임없이 자신을 맑고 곱게 다듬으면서 사는 분이다. 그렇지 않으면 이런 아름다운 마음이 담긴 작품을 쓸 수가 없다. 징검다리를 깨금발도 아니고 모둠발도 아니고 흰 구름, 낮달처럼 건너가고 싶은 마음의 소유자다. 땀에 젖어 지치고 힘들어도 고운 친구 미운 친구 가리지 않고 다 반겨 맞는 사람이다. 그리고 그 모두가 건너다닐 수 있는 푸른 징검다리가 되고자 하는 사람이다. 자아성찰을 통해 자신을 맑게 가꾸지 않으면 나올 수 없는 작품이다. 박 시인의 의식을 잘 들려다볼 수 있는 동시조다.

지금까지 박필상 시인의 작품 8편에 대한 감상평을 적어 보았다. 각 작품을 간략하게 요약해 보면 아래와 같이 정리해 볼 수 있다.

(1)〈담쟁이〉: 어떠한 어려움이 있어도 포기하지 않는 강인한 의식
(2)〈손을 씻으며〉: 삶에 대한 성찰
(3)〈지렁이〉: 삶의 결과(죽음)에 대한 의식
(4)〈도회의 거리에서.5〉: 삶에 대한 성찰
(5)〈아내에게〉: 삶에 대한 성찰
(6)〈바다〉: 삶을 바라보는 긍정적이면서 넉넉한 마음
(7)〈해우소〉: 삶에 대한 성찰
(8)〈징검다리〉: 삶에 대한 긍정적인 의식

이렇게 정리한 것을 놓고 마무리한다면 박필상 시인은 어떤 어려움이 있어도 그 어려움을 넘어서고자 하는

강인한 의식을 가진 분이라 할 수 있다. 그리고 끊임없이 자신을 성찰하면서 살아온 분이며 삶의 종착점인 죽음에 대한 인식이 투철하고 명확한 시인이라 할 수 있다.

아래의 〈나를 찾아서·5〉는 이러한 박필상 시인의 정신세계를 잘 알 수 있는 작품이다. 경남매일에 소개했던 것인데 덧붙이면서 감상평을 맺고자 한다.

나를 찾아서·5
– 원점

생각을 일으키면
어디에도 나는 없고
마음을 내려놓으면
천지에 내가 있네
먼먼 길 돌고 돌다가
허방다리 짚은 세월

애초에 몸도 맘도
내 것이 아닌 것을
허욕의 거센 불길
가슴 열어 잡고 보면
저 산도 푸른 하늘도
거기 있어 아름답네

욕심이 많으면 잡다한 생각이 일어나고 잡다한 생각이 많아지면 눈길은 자연히 밖으로 향하게 된다. 그렇지만 모든 것 다 내려놓고 낮은 눈길로 자신의 내면을 조용히 바라보면 맑고 고요한 자신을 만나게 된다. 시인은 먼먼 길을 돌고 돌다가 비로소 허방다리 짚은 세월을 깨닫고 있다.

부모가 서로 만나기 전에 나란 존재는 이 세상 어디에도 없었다. 이런 모습 이런 생각으로 잠시 이 세상에 머물다 본래 아무것도 아니었던 원점으로 돌아가게 될 뿐이다. 이런 것을 알기에 시인은 모든 것을 비운 지금, 산도 하늘도 거기 있는 그대로 아름다워 보이는 것이리라. 인생의 이치를 터득한 시인의 맑고 푸른 가슴이 부럽다.

※『화중련』제24호(2017년 하반기)에서 옮김